LEÇONS DE L'HISTOIRE DE L'AFRIQUE

François-Xavier Fauvelle
Chaire Histoire et archéologie
des mondes africains

Leçons de l'histoire de l'Afrique

Collège de France / Fayard

ISBN : 978-2-213-71682-4
Dépôt légal : mars 2020.

Leçon inaugurale
prononcée au Collège de France
le jeudi 3 octobre 2019

LEÇON INAUGURALE Nº 290

Nous sommes dans la capitale d'un royaume prospère. Sur les marchés, on paie les grosses quantités en monnaie d'or, les petites en coquillages. La grand-place où nous nous trouvons est bordée de baobabs. Le mur en terre devant nous, hérissé de traverses de bois, est l'enceinte du palais.

Le voyageur marocain Ibn Battûta nous fait le récit de deux fêtes qui ont lieu sur cette place, respectivement le 10 novembre 1352 et le 17 janvier 1353[1]. Les deux fois, parce qu'il s'agit des fêtes canoniques du calendrier musulman, c'est-à-dire celle du Sacrifice (*Aïd al-Adha*) et celle de la Rupture du jeûne (*Aïd al-fitr*),

---

1. Joseph Cuoq, *Recueil des sources arabes concernant l'Afrique occidentale du VIIIe au XVIe siècle (Bilād al-Sūdān)*, Paris, Éditions du CNRS, 1985, p. 306-308. Les descriptions qui suivent sont tirées de ces pages. La courte description des lieux en ouverture de cette leçon n'a que valeur d'évocation. Les dates indiquées ici en calendrier grégorien sont inférées d'après les dates de ces fêtes dans le calendrier hégirien au cours de la période correspondant au séjour supposé d'Ibn Battûta, dont lui-même nous donne les dates de début et de fin (*ibid.*, p. 312).

l'ordonnancement précis commence au *musallâ*, la mosquée à ciel ouvert, où le sultan s'est rendu en procession depuis son palais, accompagné des esclaves royaux, des dignitaires locaux et des résidents étrangers, arabes et berbères. Après la prière rituelle et l'homélie en arabe, le prédicateur, le *khatîb*, descend de sa chaire et prononce un discours au contenu séculier, qu'un interprète traduit simultanément en malinké. Ce discours fait l'éloge du souverain et exhorte chacun de ses sujets musulmans à l'obéissance. Un tel discours est d'usage dans toutes les mosquées les jours de prière publique, les vendredis, mais l'exercice est un peu plus délicat, convenons-en, lorsqu'il a lieu en présence du souverain. Puis celui-ci sort du *musallâ*, traverse la grand-place et monte sur le *banbî*, terme malinké qui désigne le trône. À présent, il n'est plus sultan mais *mansa*, titre royal mandingue. Le public local s'est massé à l'entrée de la place, du côté opposé à celui du palais.

Arrive un personnage qui s'appelle Dûghâ. En s'accompagnant du balafon et tandis que des acrobates effectuent des saltos et font tournoyer leurs sabres, il commence par chanter une louange à l'adresse du roi, peut-être pour atténuer la rudesse de ce qui va suivre. Car tout à coup arrivent des personnes qui insèrent le haut de leur corps dans des effigies faites de plumes, ornées de têtes à bec d'oiseau. Ces masques sont les manifestations des ancêtres, momentanément revenus parmi les vivants pour jouer leur propre rôle. Ils se tiennent ainsi, inquiétants, devant le souverain, et ils chantent. Pour Ibn Battûta, on a traduit cette fois du malinké vers l'arabe. « On m'a rapporté, dit-il, que leur poésie est une sorte d'admonition dans laquelle ils disent au sultan que sur ce *banbî* sur lequel il se trouve était assis tel roi qui avait accompli telles bonnes actions [...]. "Fais donc toi aussi du bien que l'on rappellera après toi." » Et le voyageur de nous apprendre « que cette manière de faire remonte à l'ancien temps avant l'Islam et qu'ils y sont restés fidèles[1] ».

Puisque vous me faites l'honneur et l'amitié d'accompagner l'inauguration de la chaire d'Histoire et archéologie des mondes africains au Collège de France,

1. *Ibid.*, p. 308.

Monsieur le Président de la République,
Mesdames et Messieurs les Ministres,
Mesdames et Messieurs les Ambassadeurs et représentants du corps diplomatique,
Monsieur l'Administrateur,
Mesdames et Messieurs les Professeurs, chers collègues,
Mesdames et Messieurs, chères et chers amis,

Ces quelques scènes, qui se situent dans la capitale du Mâli[1] sous le règne du roi Sulaymân, au milieu du XIVe siècle, me donnent d'abord l'occasion de vous livrer mon état d'esprit, à la fois écrasé par la solitude du *khatîb* devant l'auditoire qu'il tente de mériter, et intimidé par la fonction non moins risquée qui est celle de Dûghâ de donner une leçon publique d'histoire, sous la protection incertaine des ancêtres. En ce lieu, le Collège de France, qui est à la fois enceinte solennelle et place ouverte, ces sentiments me rappellent la double responsabilité qui sera la mienne : celle de représenter un domaine savant de connaissance qui aime

1. On écrit ici « Mâli » pour désigner le royaume médiéval et le distinguer du Mali contemporain.

naturellement à se protéger du bruit extérieur, celle de contribuer à lutter contre les privilèges de l'histoire, qui bénéficient trop souvent de confortables tribunes. Aussi permettez-moi, en guise de préambule aux leçons qui suivront *sur* l'histoire de l'Afrique, de tirer aujourd'hui quelques leçons *de* l'histoire africaine.

*

En 2007, à Dakar, un président de la République française déclarait, avec la conviction du sultan qui énonce un savoir d'État, que l'« Homme africain n'[était] pas assez entré dans l'Histoire[1] ». Beaucoup ont dénoncé et contredit ces propos[2]. Ils ont eu raison de le

---

1. Présidence de la République, « Allocution à l'université de Dakar » (26 juillet 2007) [le discours intégral peut être visionné en ligne ici : https://www.dailymotion.com/video/xc7llj].

2. Voir par exemple les essais de Jean-François Bayart, Pierre Boilley, Jean-Pierre Chrétien, Achille Mbembe et Ibrahima Thioub réunis par Jean-Pierre Chrétien (dir.), *L'Afrique de Sarkozy : un déni d'histoire*, Paris, Karthala, 2008 ; ou encore l'ouvrage collectif dirigé par Adame Ba Konaré, *Petit précis de remise à niveau*

faire. Il me semble pourtant que l'on n'a pas tout à fait mesuré la portée de la proposition. Car le problème n'est pas qu'elle ait été prononcée, mais qu'elle ait été et soit encore *audible*. Loin que l'Homme africain, avec un grand H, souffre d'un défaut d'Histoire, avec un grand H, ce sont plutôt nos sociétés contemporaines qui souffrent d'un déni de l'historicité des sociétés africaines. Un déni qui peut s'exprimer ouvertement aussi bien que de mille façons plus feutrées : dans les musées, par l'esthétisation des objets africains ; dans les documentaires et les reportages, par la folklorisation des sociétés africaines ; dans les propos de table qui se veulent les plus charitables, par la fétichisation des sagesses immémoriales. Un déni qui s'exprime encore dans l'aplomb révoltant avec lequel une chroniqueuse people, un commentateur sportif s'autorisent à parler de l'esclavage des Noirs ou de l'expérience quotidienne du racisme,

---

sur l'histoire africaine à l'usage du président Sarkozy, préface d'Élikia M'Bokolo, Paris, La Découverte, 2008. Ce dernier ouvrage publie en annexe le texte intégral de l'allocution prononcée à Dakar.

comme si leur ignorance de ces sujets constituait un état partagé des connaissances.

Il y aurait beaucoup à dire sur ce que « ne pas être entré dans l'Histoire » peut bien signifier. Où donc est cette maison-Histoire dans laquelle seraient entrées certaines sociétés, d'autres pas? Comment fait-on pour trouver l'entrée de l'Histoire, y a-t-il assez de place pour tout le monde et, une fois dedans, faut-il craindre d'être poussé dehors? Si l'on peut badiner avec cette métaphore, il n'est en revanche pas si facile de se débarrasser de la conception qu'elle véhicule, celle d'une Providence qui élit ou qui condamne, qui nous a accueillis ou bien nous a abandonnés dans une éternelle répétition, une sorte d'état végétatif des sociétés.

Congédions ces fantasmes. S'il faut n'avoir d'égards que pour le présent, plaçons notre confiance dans l'étonnement. Françoise Héritier (1933-2017), qui occupa au Collège de France, de 1982 à 1999, une chaire d'Études comparées des sociétés africaines, historienne de formation convertie à l'anthropologie par Claude Lévi-Strauss, à qui elle succéda comme spécialiste des systèmes de parenté, avait, dès sa leçon inaugurale, évoqué l'exceptionnelle diversité sociale du continent[1]. Les quelque 2400 langues parlées en Afrique ; l'invention religieuse qui se manifeste dans les cultes des divinités du terroir, des génies, des héros ou des ancêtres, qui n'ont cessé de transformer les religions non monothéistes et d'habiter les christianismes et les islams africains[2] ; la complémentarité politique et économique qui fait cohabiter royaumes centralisés et sociétés à classes d'âge, urbanités marchandes et nomadisme pastoral ; ou encore le dynamisme technique, qu'il concerne les matériaux lithiques, céramiques, métallurgiques, l'armement, l'outillage, les parures, le mobilier, l'architecture, l'art ; sont les fruits de forces créatrices qui constituent le ressort de l'histoire. Cette diversité est l'autre nom de *l'être au temps* des sociétés. Felwine Sarr a rappelé combien cette diversité si présente *résiste* à l'épistémè technicienne, naguère colonialiste, aujourd'hui développementaliste, et devrait

1. Françoise Héritier-Augé, *Leçon inaugurale faite le 23 février 1983*, Paris, Collège de France, 1984 [en ligne : https://books.openedition.org/cdf/880].

2. Jean-Pierre Chrétien (dir.), *L'Invention religieuse en Afrique : histoire et religion en Afrique noire*, Paris, Karthala, 1993.

suffire à nous interdire de verser en bloc dans l'afro-pessimisme ou l'afro-euphorie[1].

S'il n'est jamais superflu de rappeler que les sociétés africaines sont faites de la même étoffe historique que toutes les sociétés, c'est parce que l'Afrique, bien que toujours déjà là, a vu sa coprésence au monde depuis longtemps méconnue. On n'est pas historien de l'Afrique, archéologue, historienne de l'art, sans s'obliger, chaque fois que l'on entreprend d'approfondir les connaissances, à remonter dans la généalogie de cette méconnaissance. Alors remontons. Suivons Achille Mbembe quand il écrit que les expériences postcoloniales africaines devraient être (et ne sont pourtant pas) le grand sujet d'observation de notre temps ; parce que ce qui s'y passe depuis la sortie de la « grande nuit » coloniale (expression empruntée à Frantz Fanon[2]), les ratés politiques comme les expériences sociales foisonnantes, sont le laboratoire de notre avenir humain ; parce que la condition « nègre », cette forme de déshumanisation marchande qui

1. Felwine Sarr, *Afrotopia*, Paris, Philippe Rey, 2016.

2. Frantz Fanon, *Les Damnés de la terre*, préface de Jean-Paul Sartre, Paris, Maspero, 1961, p. 239.

s'universalise, s'est d'abord exercée aux dépens des Africains[1] ; parce que l'Afrique n'est pas en panne d'histoire mais peut-être en avance sur ce qui vient[2]. Remontons plus haut encore, au temps de la domination de l'Afrique par des pouvoirs européens. Écoutons Jacques Berque (1910-1995), qui avait été contrôleur civil au Maroc sous le régime du Protectorat, dont il avait vigoureusement dénoncé les errements, avant que ses travaux ne l'amènent au Collège de France sur la chaire d'Histoire sociale de l'Islam contemporain, qu'il occupa de 1956 à 1981. Tranchant les faux débats récurrents, déjà, au sujet des bilans positif ou négatif de la colonisation, nul n'aura

---

1. Dans sa leçon de clôture au Collège de France, Alain Supiot a suggéré que la marchandisation du capital humain trouvait son expression historique la plus rigoureuse dans les livres de comptes des propriétaires d'esclaves ; voir Alain Supiot, *Le travail n'est pas une marchandise : contenu et sens du travail au XXIe siècle*, Paris, Éditions du Collège de France, 2019, p. 24.

2. Achille Mbembe, *Sortir de la grande nuit : essai sur l'Afrique décolonisée*, Paris, La Découverte, 2010 et *Critique de la raison nègre*, Paris, La Découverte, 2013. Lire également la lucide et vigoureuse lecture de Mbembe que fait Nadia Yala Kisukidi, « Le nom "Noir" et son double », *Esprit*, n° 12, 2018, p. 95-99.

alors exprimé avec autant de clarté qu'elle fut *à la fois* un système de prédation économique et un système qui construisait infrastructures et écoles ; que le colonialisme est une idéologie qui cultive la nostalgie des sociétés qu'elle détruit[1].

Le philosophe allemand Georg Wilhelm Friedrich Hegel, dans le premier tiers du XIXe siècle, et avant lui les Lumières françaises et allemandes du XVIIIe siècle, avaient une philosophie de l'histoire qui ressemblait à celle de la maison dans laquelle on entre ou pas. Par une grâce divine, l'Esprit de l'histoire s'était posé, tel un rayon de soleil, sur des régions successives du monde. Il avait commencé, paraît-il, par l'Orient, puis s'était posé, à chaque fois, sous une forme plus évoluée, moins infantile, sur l'Égypte, la Grèce, Rome, et à présent l'Europe occidentale, en attendant l'élection d'une civilisation nouvelle. Maison, esprit ou lumière : la Providence change d'instrument. Mais, au fond, il s'agit de la même conception que l'on pourrait dire « bourgeoise » de l'histoire : on la reçoit sans mérite particulier, mais

---

1. Jacques Berque, *Dépossession du monde*, Paris, Seuil, 1964, p. 90-91.

on n'ira pas en contester le principe, car c'est bien commode d'y rester au chaud.

Un point commun entre les philosophies insuffisantes d'hier et le déni péremptoire d'aujourd'hui est que l'Afrique n'était déjà pas au programme. On ne peut pourtant pas dire que c'était faute d'avoir reconnu la massivité du continent africain depuis les débuts de l'expansion européenne, au XVe siècle. Au contraire, même : ce qui frappe, c'est que la philosophie de l'histoire dont se dote l'Occident moderne *évite* l'Afrique aussi sûrement que les voyageurs *contournent* l'obstacle géographique africain sur la route de l'Orient. Et ce n'est pas un hasard si l'Europe choisit de méconnaître les sociétés africaines au moment même où ses compagnies marchandes se procurent dans des comptoirs côtiers d'Afrique les esclaves pour l'exploitation des colonies d'Amérique. Ce sont ainsi près de 12 millions de femmes, d'hommes et d'enfants qui furent victimes embarquées de cette traite atlantique, sans pouvoir compter les millions de personnes victimes indirectes de ce commerce, tuées lors des razzias pratiquées par les sociétés africaines côtières dans leurs arrière-pays, ni les millions de personnes nées en esclavage aux Amériques. Si la traite atlantique a une importance historique singulière, ce n'est pas seulement parce que chaque expédition négrière ou presque a laissé des archives ; ce n'est pas seulement non plus parce que l'économie du monde moderne est tributaire de la richesse engendrée par ce commerce parmi les nations esclavagistes ; c'est parce que *l'expérience* de la traite par les esclaves africains, transportés d'un continent à l'autre, réduits à la condition de marchandises, à la fois victimes et instruments de la globalisation du monde, constitue le point à la fois central et aveugle de la modernité. Aussi Norman Ajari a-t-il raison d'observer qu'il n'existe aujourd'hui « pas un seul Africain ou afrodescendant dont l'humanité des ancêtres n'ait été radicalement contestée sur les plans juridique, scientifique, philosophique, théologique, économique, psychiatrique[1] ».

C'est dans ce dispositif de déshumanisation des ancêtres d'une partie d'entre nous, dispositif

1. Norman Ajari, *La Dignité ou la Mort : éthique et politique de la race*, Paris, Les Empêcheurs de penser en rond, 2019, p. 20-21.

qui occupe au sens propre, plusieurs siècles durant, le milieu du monde, que s'enracine la généalogie du déni. Déni du passé de l'esclave, aboli en même temps que son individualité ; déni de sa faculté d'action dans l'histoire aussi bien que *dans la société*. Car, à vrai dire, c'est la peur, une peur raciale, qui actionne les théories providentialistes de l'histoire. Parler d'histoire des sociétés africaines, ç'aurait été déchirer le voile de justification morale qui drapait le crime de l'esclavage ; confesser la peur permanente de la révolte individuelle ou collective à bord des navires négriers ou dans les colonies esclavagistes, ç'aurait été admettre des marchandises à entrer en société. C'est encore la peur qui rend la révolution de Saint-Domingue « impensable », comme le dit l'écrivaine haïtienne Yanick Lahens, titulaire en 2018-2019 de la chaire Mondes francophones du Collège de France[1].

1. La leçon inaugurale de Yanick Lahens a été publiée sous le titre *Littérature haïtienne : urgence(s) d'écrire, rêve(s) d'habiter*, Paris, Collège de France/Fayard, 2019 [en ligne : https://books.openedition.org/cdf/7261]. Le terme d'*impensable* est tiré d'une présentation vidéo de son enseignement [en ligne : https://www.youtube.com/watch?v=4CRxf4n5IzI].

Impensable en effet qu'un demi-million d'esclaves, dont les deux tiers nés en Afrique, attachés aux plantations sucrières et indigotières de la colonie française, sans doute l'une des plus rentables de l'économie globale d'alors, se soulèvent en 1791 et entrent de leur propre volonté dans l'événementialité du monde[1]. Impensable parce que l'exigence radicale de liberté chez des hommes et des femmes qui s'émancipent eux-mêmes offre aux Lumières leur plus authentique révolution.

*

C'est toujours au sein de chaque société que débute la mise en récit du passé. Dûghâ, à la cour de Sulaymân du Mâli, et après lui, jusqu'à aujourd'hui, les *dyéli* ou griots qui furent, dans le monde mandingue, les porte-parole des chefs de lignages aristocratiques, étaient détenteurs de ces récits historiques et les rendaient

---

1. Les informations fournies dans cette phrase proviennent de : Carolyn Fick, *Haïti, naissance d'une nation : la révolution de Saint-Domingue vue d'en bas* [1990], traduit de l'anglais par Frantz Voltaire, Mordelles, Éditions Les Perséides, 2014, chap. 1.

disponibles les jours de sortie des masques[1]. Dans beaucoup de sociétés africaines, de tels récits sont l'affaire de spécialistes, qui les mémorisent et les transmettent. Parce que ces récits sont mémorisés et transmis de façon stable, on les appelle « traditions orales », et leurs détenteurs « traditionnistes ». De tels textes (car ce sont des textes) constituent une véritable « littérature orale » (pour ne pas craindre l'oxymore), ou « orature » (pour ne pas craindre le néologisme formé, précisément afin d'éviter l'oxymore, par le linguiste et théoricien de la littérature ougandais Pio Zirimu[2]). Déroutés devant le continent

1. Sur la trajectoire historique des *dyéli* mandingues depuis l'empire du Mâli jusqu'à aujourd'hui, voir Mamadou Diawara, « The time-tested traditionnist: Intellectual trajectory and mediation from the early empires to the present day », *in* Toby Green et Benedetta Rossi (dir.), *Landscapes, Sources and Intellectual Projects of the West African Past: Essays in Honour of Paulo Fernando de Moraes Farias*, Leyde, Brill, 2018, p. 277-295.

2. Pour un bref rappel du destin tragique de Piu Zirimu (assassiné en 1977) et de l'arrière-plan théorique qui présida à la création de ce néologisme, on consultera l'article de Ngũgĩ wa Thiong'o, « Notes towards a performance theory of orature », *Performance Research*, vol. 12, n° 3, 2007, p. 4-7.

documentaire qu'est l'oralité, quelques-uns ont cédé à la naïveté du néophyte pensant recueillir le passé lui-même, d'autres à l'ironie du sceptique qui n'y entend que fables. Les historiens et historiennes de l'Afrique savent pourtant que ce matériau immatériel de l'histoire, ni plus ni moins sujet à l'altération que des écrits soumis à la copie, se travaille comme tout autre matériau pour être commué en documents.

La vivacité de l'oralité en Afrique ne doit cependant pas laisser croire à une absence de l'écrit. Les alphabets libyco-berbères et tifinagh employés du Maghreb au Sahara, l'alphasyllabaire éthiopique, les écritures hiéroglyphique, méroïtique, copte et grecque utilisées dans la vallée du Nil, le script arabe employé pour écrire tant la langue arabe que le peul et l'haoussa en Afrique de l'Ouest, ou encore le swahili et le malgache en Afrique orientale, témoignent d'une diversité et d'une très large distribution spatiale des systèmes d'écriture créés, adoptés ou adaptés en Afrique au cours de l'histoire. Il est vrai, néanmoins, que les sociétés africaines qui ont employé l'écrit l'ont souvent réservé à des usages dédicatoires, commémoratifs ou encore prophylactiques.

Plusieurs sociétés africaines ont cependant développé des cultures lettrées. La chrétienté érythréenne et éthiopienne, enracinée depuis le IVe siècle sur les hauts plateaux de la Corne de l'Afrique, nous a transmis des dizaines de milliers de manuscrits, produits dans les monastères ou à la cour royale, essentiellement des textes bibliques traduits du grec, mais également des textes traduits de l'arabe et des histoires saintes produites localement. Au Soudan voisin, la disparition de la chrétienté nubienne aux alentours du XVe siècle nous a peut-être fait perdre un semblable corpus.

Dans les régions exposées à l'influence de l'islam, du Sahel à la côte swahilie, qui s'étire de la Somalie au Mozambique et aux Comores, la production d'écrits ou la constitution de bibliothèques suit de quelques siècles les premières inscriptions arabes. Au sein de ces mondes lettrés, l'essentiel de la littérature produite, copiée ou acquise, concerne des œuvres religieuses ou juridiques. Cependant, émerge parfois une véritable écriture de l'histoire. La chronique de Kilwa, en Tanzanie, au début du XVIe siècle, les chroniques du

Kanem et du Borno rédigées par l'imam de Birni Ngazargamu, dans le nord de l'actuel Nigeria, dans les années 1570 ; les chroniques de Tombouctou, au XVIIe siècle ; celle de Gonja, dans le nord de l'actuel Ghana, au XVIIIe siècle ; celle de Kano, dans le nord du Nigeria, au XIXe siècle ; sont toutes des récits historiques dus à des lettrés musulmans locaux. Bertrand Hirsch a récemment souligné ce que ces récits historiques, si éloignés les uns des autres par le milieu culturel dans lequel ils ont été produits, ont de commun : un semblable impératif d'enregistrement et de préservation des mémoires en des temps de crise[1]. Dans la Tombouctou du XVIIe siècle, les lettrés al-Saadî et Ibn al-Mukhtâr savent – et de la sorte *sauvent* comme ils peuvent – l'histoire des formations

1. Bertrand Hirsch, « Écritures de l'histoire en Afrique », *in* François-Xavier Fauvelle (dir.), *L'Afrique ancienne, de l'Acacus au Zimbabwe : 20 000 ans avant notre ère-XVIIe siècle*, Paris, Belin, 2018, p. 375-401. L'attribution chronologique de la *Chronique* de Kano a récemment été révisée par Paul E. Lovejoy, « The Kano chronicle revisited », *in* Toby Green et Benedetta Rossi (dir.), *Landscapes*, *op. cit.*, p. 400-421 (merci à Hadrien Collet de m'avoir signalé cet article qui avait échappé à mon attention).

politiques de la région[1]. S'ils évoquent la gloire du royaume Songhay, et avant lui du Mâli, et avant lui de Gao, c'est parce que la boucle du fleuve Niger est désormais dominée par une élite militaire marocaine. Quant aux quelques pages en arabe des *Annales* du Choa, dont nous sommes quelques-uns à travailler à une nouvelle édition commentée, elles sont l'unique témoignage d'une société musulmane éthiopienne du XIIIe siècle qui a disparu sans laisser d'autres traces que ce texte, émouvant et obscur[2].

L'adoption du christianisme et de l'islam par de nombreuses sociétés africaines a opéré une mise en connexion de ces régions avec d'autres régions du monde et permis une participation

1. Pour la décompilation et la réattribution d'une partie de la chronique anciennement appelée *Tārīkh al-fattāsh* à un auteur du nom de Ibn al-Mukhtâr, voir Mauro Nobili et Mohamed Shahid Mathee, « Towards a new study on the *Tārīkh al-fattāsh* », *History in Africa*, vol. 42, 2015, p. 37-73.

2. Travail en préparation. La seule édition disponible actuellement est celle d'Enrico Cerulli, « Il sultanato dello Scioa nel secolo XIII secondo un nuovo documento storico », *Rassegna di Studi Etiopici*, vol. 1, n° 1, 1941, p. 5-42.

active d'Africains aux échanges commerciaux et à la circulation d'idées et de connaissances. Au Caire, au milieu du XIVe siècle, un grand encyclopédiste, al-Umarî, recueille le témoignage de musulmans de la Corne de l'Afrique venus porter au sultan mamelouk leurs griefs à l'égard du souverain chrétien d'Éthiopie, dont le royaume est alors hégémonique ; al-Umarî en tire une description géographique et politique qui compte parmi nos principales sources pour l'histoire de l'Abyssinie[1]. Parce que Le Caire est décidément un carrefour, le même al-Umarî consigne également les souvenirs de tous ceux qui, en 1324, avaient rencontré personnellement Mûsâ, sultan du Mâli, frère et prédécesseur de Sulaymân, lors de son séjour dans la ville sur le chemin de La Mecque (fig. 1) ; à partir de ces témoignages, al-Umarî nous a laissé l'un des plus essentiels documents sur le royaume ouest-africain[2].

---

1. Ibn Faḍl Allah al-'Omarī [al-Umarî], *Masālik el abṣār fi mamālik el amṣār*, t. I : *L'Afrique, moins l'Égypte*, traduit par Maurice Gaudefroy-Demombynes, Paris, Librairie orientaliste Paul Geuthner, 1927.

2. Joseph Cuoq, *Recueil des sources arabes, op. cit.*, p. 272-281.

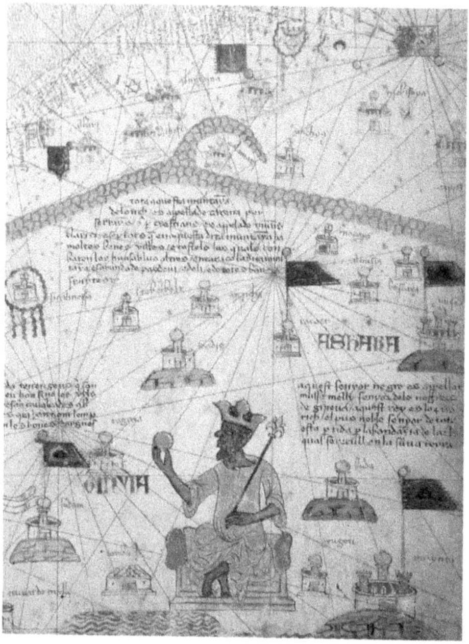

Figure 1. L'*Atlas catalan*, manuscrit sur vélin produit par des cartographes juifs de Majorque aux Baléares en 1375, fait figurer les régions d'Afrique s'étirant du littoral méditerranéen jusqu'au Sahel. Ici (détail) le roi Mûsâ du Mâli est représenté en majesté portant dans sa main une boule d'or. La légende en catalan le décrit comme « le plus riche et le plus noble seigneur de toutes ces régions » (la portion occidentale du Sahel).
Source : Bibliothèque nationale de France, département des Manuscrits, Espagnol 30, tableau V-VI.

Ce sont des motifs similaires, religieux ou diplomatiques, qui conduisent des chrétiens éthiopiens à Jérusalem et à Rome, où ils fondent des communautés. Les connaissances qu'ils mettent en circulation éveillent l'intérêt des humanistes italiens de la Renaissance et ceux de la République européenne des lettres, aux XVIe et XVIIe siècles[1]. En 1649, un érudit allemand de 25 ans du nom de Job Ludolf, qui pratique l'hébreu, le syriaque et l'arabe, est dépêché à Rome par son employeur, le baron von Rosenhahn, émissaire suédois à Paris, pour y dénicher des archives relatives à la Suède. Il n'en trouve pas. Mais il rencontre un certain Gorgoryos, Grégoire, un Éthiopien originaire du monastère de Mäkanä Sellasé dans l'Amhara, le domaine royal éthiopien. Gorgoryos séjourne alors au monastère éthiopien de Santo Stefano dei Mori à Rome. En moins de trois mois, et à l'occasion d'un séjour

1. Pour un exemple éloquent tiré du contexte de la Renaissance qui voit se rencontrer érudits éthiopiens et italiens, lire Samantha Kelly, « Biondo Flavio on Ethiopia: Processes of knowledge production in the Renaissance », *in* : *The Routledge History of the Renaissance*, Londres, Taylor and Francis, 2017, p. 167-182.

postérieur de trois autres mois de Gorgoryos à Gotha, en Thuringe, chez Ludolf, celui-ci réunit la matière pour un dictionnaire et une grammaire de l'amharique, la langue vernaculaire de l'Éthiopie, un dictionnaire de la langue guèze, la langue classique éthiopienne, une *Histoire de l'Éthiopie* complétée d'un *Commentaire*, et enfin une *Théologie éthiopienne*, ouvrages qu'il publiera au cours du demi-siècle suivant[1].

Sur le tard, Ludolf, devenu président du Collège historique impérial, reçoit une étrange lettre de son ami Gottfried Wilhelm Leibniz, le fameux mathématicien et philosophe. Celui-ci lui suggère de réunir des échantillons mis par écrit de toutes les langues du monde. « Il serait particulièrement judicieux », écrit Leibniz, « que soit exprimée en chaque langue la prière dominicale, de sorte que nous puissions avoir une mesure commune pour les comparer[2] ».

---

1. Siegbert Uhlig, « Ludolf, Hiob », *in* Siegbert Uhlig (dir.), *Encyclopaedia Aethiopica*, vol. III, Wiesbaden, Harrassowitz Verlag, 2007, p. 601-603.

2. Cité dans François-Xavier Fauvelle, *L'Invention du Hottentot : histoire du regard occidental sur les Khoisan (xve-xixe siècle)*, Paris, Publications de la Sorbonne, 2002, p. 227-237 (cette référence et les suivantes).

Quelque temps plus tard, Leibniz affine sa méthode et demande que le Notre-Père soit transcrit en chaque langue, ligne à ligne, à l'aide de caractères latins. L'idée n'étant pas mauvaise, elle est appliquée sans délai : grâce aux réseaux planétaires des missionnaires, des représentants des compagnies commerciales et des diplomates, les Notre-Père arrivent de Chine et du Siam, d'Amérique et de Sibérie, d'Afrique. On retrouve ainsi, dans les *Collectanea etymologica* posthumes de Leibniz (mort en 1716), un Notre-Père en khoekhoe, langue qui était alors parlée à l'extrémité méridionale de l'Afrique[1] (fig. 2).

---

1. [Gottfried Wilhelm Leibniz], *Illustris viri Godofr[idi] Guilielmi Leibnitii collectanea etymologica, illustrationi linguarum, veteris celticae, germanicae, gallicae, aliarumque inservientia*, Hanovre, 1717, p. 375-377 et 382-383. On trouve un Notre-Père, les Dix Commandements ainsi qu'un Crédo en langue khoekhoe, transcrits en caractères latins avec traduction interlinéaire en néerlandais.

Het *Onſe Vader* in Hottentots.

Onſe Vader, die in de Hemelen zyt, (a)
Cita bô, t? homme ingá t'ſiha,
(a) gelukkig zij. juxta Hottent.

geheyligt werde uw naam, uw (b) *Koning-*
t? ſa di kamink ouna, hem kou-
(b) heerſchappye. Hottent.

ryke kome, uw wil geſchiede op der
queent ſee, dani hinqua t'ſa inhee K? chou

aarde, als in den hemel, geeft ons
ki, quiquo t? homm' ingá, maa cita

heden ons dagelyks broot, vergeeft ons
heci cita kóua ſéqua bree, k? hom cita,

onſe Schulden gelyk wy vergeven onſe
cita hiahinghee quiquo cita k? hom, cita

Schuldenaren, leyd ons niet in quaa be-
dóua kôuna, tire cita k? chöá t? au-

koringe, maar verloſt ons van den (c) *bo-*
thummá — k'hamta cita hi aquei hee k? dou
(c) van dem quaden Man, Duyvel

ſen, want uwe is dat Koningryk, en de
auna, --- t? aats kouqueetſa, hique t? aats

kragt, en de heerlykheyt in der eeuwigheyt.
diaha, hique occiſa ha, nauwi.

Figure 2. On trouve dans l'œuvre de Leibniz ce Notre-Père en langue khoekhoe dans une version qui juxtapose le texte en néerlandais. Les signes *t', t?* et *k?* sont des tentatives de transcription des clicks de la langue khoekhoe. Source : G. W. Leibniz, *Collectanea etymologica*, 1717. Manuscrit conservé à l'université de Greifswald.

Jusqu'alors, voyageurs et colons néerlandais du Cap s'étaient plu à laisser croire que cette langue, qui sonnait à leurs oreilles comme un gloussement de dindon, n'était pas une langue humaine. L'effort pour transcrire avec des caractères latins, dans la version de Leibniz, les particularités de la langue khoekhoe, en l'occurrence des sons aspirés, les clicks, qui ont longtemps défié les linguistes, peut sembler dérisoire. Mais il dit quelque chose : la foi dans la *traductibilité* de toutes les langues. La diversité ne saurait en somme être un argument pour exclure quelque société que ce soit de l'humanité : l'écart mesurable entre les langues du monde n'est au contraire que la conséquence de leur divergence, le produit dérivé de leur trajectoire singulière. Les humanistes savaient déjà que la diversité est l'indice de l'histoire.

On pourrait certes, et on le doit, faire observer le caractère déséquilibré d'une relation de co-production de connaissances qui a davantage contribué à la notoriété de Ludolf qu'à celle de Gorgoryos. Mais la relation entre les deux hommes, comme l'inventaire des langues du monde de Leibniz, ont fait exister, malgré le déni, un projet savant et cosmopolite au sein duquel chaque culture était reconnue digne d'être convive des autres cultures.

Cette conversation des sociétés et des savants ne s'est jamais interrompue. C'est plutôt le vacarme du déni qui a couvert son chuchotement. Car les siècles du commerce européen avec les régions littorales de l'Afrique s'accompagnent partout d'un intérêt presque strictement mercantile. La production de connaissances devient alors asymétrique : certains regardent, d'autres sont regardés. Les sources européennes du XVe au XIXe siècle nous restent cependant précieuses : leur confrontation aux traditions orales des sociétés africaines est la méthode de prédilection des historiennes et historiens spécialistes de cette période.

La conquête de la presque totalité du continent africain par des pouvoirs étrangers à partir de la fin du XIXe siècle aggrave encore ce déséquilibre. La colonisation déstabilise les sociétés, sape les cadres traditionnels de la transmission du pouvoir et des savoirs. Elle donne au colonisateur le quasi-monopole de l'établissement du récit historique. Collecte et interprétation des sources orales, éditions des sources écrites, fixation des jalons géographiques et chronologiques du récit : tout ce que le philosophe congolais Vumbi-Yoka Mudimbé a appelé la « bibliothèque coloniale[1] » porte la marque de ce mouvement qui à la fois détruit et documente. Il y a dans les récits historiques produits par des hommes qui sont en même temps administrateurs et savants une forme de gouvernement du passé.

Il n'est pas difficile de voir comment ces récits font violence à l'histoire. Non moins que l'extraction des ressources naturelles et de la force de travail, celle des matériaux utiles à la connaissance se fait grâce aux moyens coercitifs de l'administration coloniale ; les expéditions scientifiques, telles que la mission Dakar-Djibouti conduite par Marcel Griaule en 1931-1933, que Kwame Anthony Appiah a qualifiée plaisamment de « *speed-dating* anthropologique[2] », sont des razzias sur un mobilier qui finira dans les musées d'Occident, et qui y restera tant qu'il ne sera pas restitué – je dirais

1. Vumbi-Yoka Mudimbé, *The Invention of Africa: Gnosis, Philosophy, and the Order of Knowledge*, Bloomington, Indiana University Press, 1988.

2. Kwame Anthony Appiah, « Surreal anthropology », *New York Review of Books*, 8 mars 2018, p. 8.

même restitué *bien*, c'est-à-dire accompagné de toutes les potentialités de récits qui avaient été emportées en même temps qu'eux[1]. Quant aux fouilles, elles aussi pratiquées au bénéfice des musées du Nord, elles trouvent avec la baïonnette l'instrument commode qui à la fois contraint les ouvriers récalcitrants et se substitue à la truelle de l'archéologue. Non contente de produire des données, la violence pénètre dans la forme même du récit : les synthèses comme *Haut-Sénégal-Niger* de Maurice Delafosse, parue en 1912, sont des narrations moyennes qui font fi des différences de perspective et de temporalité entre l'écrit, l'oral et les matérialités; elles retaillent les tesselles de la mosaïque documentaire pour produire une image sans défaut, et pourtant fausse[2]. Faudra-t-il brûler la

1. Sur la question des restitutions des œuvres spoliées aux sociétés africaines par la France durant la période coloniale, on consultera le rapport rédigé par Felwine Sarr et Bénédicte Savoy à la demande du président de la République française : *Restituer le patrimoine africain* (Paris, Philippe Rey/Seuil, 2018), qui réunit les fruits de leurs consultations, leurs analyses des aspects juridiques de la question, ainsi que leurs préconisations.

2. Maurice Delafosse, *Haut-Sénégal-Niger (Soudan français)*, Paris, Larose, 1912, 3 vol.

bibliothèque, le musée, l'archive coloniale? Ce serait ignorer que ces monuments à la gloire de la colonisation demeurent les conservatoires d'une documentation imparfaite mais indispensable; ce serait nous affranchir avec légèreté du travail de reconnaissance de la méconnaissance.

*

On n'est plus tout à fait sûr aujourd'hui que Ibn Battûta, notre seul témoin réputé direct de la vie quotidienne et politique dans le royaume du Mâli, s'y soit vraiment rendu. Pourquoi? Parce qu'on ne retrouve pas, dans le récit de son séjour supposé dans la capitale, les éléments du questionnaire mental qu'il applique, pour l'instruction et le plaisir de ses lecteurs, dans les autres régions du monde qu'il visite, de l'Andalousie à l'Inde, de la Perse aux Maldives[1]. Cette incertitude

---

1. François-Xavier Fauvelle et Bertrand Hirsch, « Voyage aux frontières du monde : topologie, narration et jeux de miroir dans la *Rihla* de Ibn Battûta », *Afrique & histoire*, vol. 1, 2003/1, p. 75-122. On peut lire le récit intégral d'Ibn Battûta en français dans l'édition commode de Stéphane Yérasimos (sur la traduction de

brouille la relation entre authenticité du voyage et sincérité du récit. Nous avons envie de croire que tout récit d'un voyage vrai est vrai, même s'il consiste en cartes postales, et inversement nous accordons peu de valeur aux récits de seconde main, même quand l'informateur de notre informateur s'avère fiable. Nous savons toutes et tous que se méfier des sources est une prudence historienne élémentaire, mais dans le cas présent nous voudrions savoir *comment* nous en méfier.

Comment faut-il comprendre, par exemple, l'itinéraire qu'emprunte Ibn Battûta entre Sijilmâsa, dans l'oasis du Tafilalet, au Maroc, en bordure nord du Sahara, et la capitale du royaume malien, au sud, au prix d'un voyage de plus de cent jours? Selon les hypothèses, vous placerez cette ville au Sénégal, en Guinée, en Mauritanie ou en plusieurs régions du Mali actuel[1]. Car en vérité, on ne sait pas où elle se

---

C. Defrémery et B. R. Sanguinetti) : Ibn Battûta, *Voyages*, Paris, La Découverte, coll. « Poche », 1990, 3 vol.

1. Hadrien Collet, « L'introuvable capitale du Mali : la question de la capitale dans l'historiographie du royaume médiéval du Mali », *Afriques*, n° 4, 2013 [en ligne : https://journals.openedition.org/afriques/1098].

trouve. C'est frustrant, mais surtout cette frustration paralyse les récits du passé. Selon que la capitale du Mâli, du moins celle que nous avons décrite tout à l'heure et où résidaient les marchands étrangers, sera découverte, un jour, dans la zone sahélienne ou dans la vallée du fleuve, plutôt dans la haute ou plutôt dans la moyenne vallée, ce ne sera pas la même description que l'on pourra faire du royaume malien, de son emprise territoriale et sociale, de son organisation administrative, de l'assise économique de son pouvoir, des sources de sa légitimité, des villes et du commerce.

Je ne sais pas si nous découvrirons la capitale du Mâli. Mais je sais que pour cela il faut faire appel à des compétences nombreuses et cosmopolites. Nous ne partons pas de zéro. Les prospections et les fouilles sénégalaises et américaines sur la rive gauche du Sénégal et sénégalo-suisses dans la Falémé ; les prospections et les fouilles néerlando-maliennes dans le delta intérieur du Niger ; les fouilles anglo-maliennes sur la butte de Sorotomo près de Ségou, et sur le site de l'entrepôt saharien de Tadmekka ; les fouilles maliennes et nippo-maliennes de Gao qui ont mis au jour une maison forte du xe siècle (pour ne mentionner que quelques-uns des travaux archéologiques des vingt dernières années) ; et enfin les recherches ethno-archéologiques et les études de mobilier céramique ou de provenance des matériaux ; ont posé les jalons qui rendent possibles les recherches futures[1].

Je sais aussi que pour « craquer » un problème irrésolu de ce type, il faut faire appel à une logistique coûteuse (qui fait souvent défaut aux organismes partenaires africains) – et à un équipement de pointe qui fait la différence : l'optimisme.

1. En guise de simple aperçu : Rogier Bedaux, Jean Polet, Kléna Sanogo et Annette Schmidt (dir.), *Recherches archéologiques à Dia dans le delta intérieur du Niger (Mali) : bilan des saisons de fouilles 1998-2003*, Leyde, CNWS Publications, 2005 ; Roderick J. McIntosh, Susan Keech McIntosh et Hamady Bocoum (dir.), *The Search for Takrur: Archaeological Excavations and Reconnaissance along the Middle Senegal Valley*, New Haven, Yale University Department of Anthropology, 2016 ; Shoiriro Takezawa et Mamadou Cissé (dir.), *Sur les traces des grands empires : recherches archéologiques au Mali*, Osaka, Musée national d'ethnologie, 2016 ; Sam Nixon (dir.), *Essouk-Tadmekka: An Early Islamic Trans-Saharan Market Town*, Leyde, Brill, 2017.

Optimisme parce qu'il y a tant de passés encore enfouis dans le sol du présent. Il nous est arrivé, avec Bertrand Hirsch et nos équipes, de découvrir en Éthiopie, dans l'escarpement du Rift, une ville islamique que nous avions longtemps cherchée ailleurs ; du moins avons-nous cru qu'elle était celle que nous cherchions, jusqu'à ce que nous trouvions, quelques jours plus tard, une deuxième puis une troisième ville. Malgré l'euphorie, ces découvertes semèrent le doute : laquelle d'entre elles était celle que nous avions cherchée ? La réponse est : aucune. Celle que nous cherchions, la capitale des sultans de l'Ifât, nous l'avons découverte deux ans plus tard, en 2009, et cette fois nous en sommes sûrs parce que les souverains avaient eu la bonne idée de faire inscrire les noms et titres des membres de leur famille sur leurs tombes[1].

---

1. François-Xavier Fauvelle, Bertrand Hirsch et Amélie Chekroun, « Le sultanat de l'Awfāt, sa capitale et la nécropole des Walasmaʿ : quinze années d'enquêtes archéologiques et historiques sur l'Islam médiéval éthiopien », *Annales islamologiques*, vol. 51, 2017, p. 239-295.

Optimisme, encore, dans la pluridisciplinarité, c'est-à-dire dans la confiance mutuelle dans les compétences que nous n'avons pas, c'est-à-dire dans une sorte d'amitié que le terrain forge ; j'en veux pour exemple l'équipe que dirigent Marie-Laure Derat et Claire Bosc-Tiessé à Lalibela, cet ensemble d'églises sculptées d'un bloc dans la roche, toujours en Éthiopie[1].

Optimisme, enfin, dans la puissance heuristique de l'archéologie. Elle donne tort à ceux et celles qui voudraient que les fouilles ne servent qu'à confirmer ou illustrer les sources écrites. Au Maroc, avec Elarbi Erbati, Romain Mensan et notre équipe, il nous a fallu plusieurs années pour être capables de *lire* la stratigraphie très dégradée de Sijilmâsa, le port caravanier où s'embarque Ibn Battûta pour sa traversée du Sahara. Nous avons finalement compris que le site n'était pas le produit d'une occupation continue au cours des siècles, ce que laissaient croire des auteurs arabes qui n'y étaient jamais allés, mais une champignonnière de quartiers fortifiés

1. Claire Bosc-Tiessé et Marie-Laure Derat (dir.), *Lalibela, site rupestre chrétien d'Éthiopie (Lalibela I)*, Toulouse, Presses universitaires du Midi, 2019.

qui dessinent une constellation urbaine[1]. Partout où elle passe, l'archéologie dérange les récits du passé. Dans la vieille province coloniale du Cap, en Afrique du Sud, sur les bords du fleuve Berg, la lecture lente et répétée du paysage nous a permis, avec François Bon, Karim Sadr et Laurent Bruxelles, de retrouver des campements saisonniers des Khoekhoe, ceux-là même dont Leibniz avait obtenu un échantillon linguistique[2]. Certes, les vestiges retrouvés, aussi ténus que des outils rudimentaires en quartz et

1. Romain Mensan, François-Xavier Fauvelle, Elarbi Erbati et Laurent Bruxelles, « Sijilmâsa : approche typo-technologique du bâti, processus de formation du site et gestion des matières premières », *Mélanges de la Casa de Velázquez*, nouvelle série, vol. 47, n° 2, 2017, p. 185-206 ; Elarbi Erbati et François-Xavier Fauvelle (dir.), *Sijilmâsa, porte de l'Afrique : patrimoine en partage, site en péril*, Rabat, Académie du Royaume du Maroc, s.d. [2018].

2. François Bon, Laurent Bruxelles, François-Xavier Fauvelle et Karim Sadr, « Les pasteurs khoekhoe à la confluence des sources historiques et archéologiques. Proposition de modèles d'implantation spatiale et de signature technologique d'une population néolithique d'Afrique australe », *P@lethnologie*, n° 4, 2012, p. 143-168 [en ligne : http://blogs.univ-tlse2.fr/palethnologie/2012-06-bon-et-alii-2].

quelques tessons de poterie, étaient trop peu de choses pour être une ville. Mais le plaisir de la découverte, proportionnel au défi, valait bien quelques missions de terrain.

Depuis Carlo Ginzburg, on sait que Giovanni Morelli, le critique d'art italien qui déterminait la paternité de tableaux à partir de détails figurés tels que la forme des oreilles ou des ongles des personnages, Sigmund Freud, le père viennois de la psychanalyse, et Arthur Conan Doyle, l'inventeur anglais de Sherlock Holmes, sont les trois ancêtres qui nous ont communiqué dès le berceau le goût de la recherche des causes des phénomènes par les indices qu'ont laissés ces phénomènes dans le présent[1]. Autrement dit : le goût de l'enquête. Si les historiennes et historiens de l'Afrique affectionnent l'enquête comme modalité pratique d'établissement des faits et forme privilégiée de narration, c'est parce que leur art de mosaïste consiste à collecter

1. Carlo Ginzburg, « Traces. Racines d'un paradigme indiciaire », *in* : *Mythes, emblèmes, traces : morphologie et histoire* [1986], traduit par Monique Aymard, Paris, Flammarion, coll. « Nouvelle bibliothèque scientifique », 1989.

parmi les sites et le mobilier, l'architecture et les formes d'art, les langues et les mots, les paysages, les mémoires et les récits, les gènes des humains, des animaux, des plantes, les gestes rituels et les manières d'être, non moins que dans les archives elles-mêmes, les indices éparpillés à partir desquels il leur est possible de produire les récits du passé. Ils reconnaissent dans le *goût de l'enquête* à la fois la douleur du passé qui nous manque et la consolation de savoir que le présent, tout le présent, est un vestige.

S'il y a dans l'enquête davantage que le « charme d'une fouille inachevée[1] », c'est l'obligation à rendre compte de son propre inachèvement, à enregistrer avec autant de méticulosité que possible les pièces manquantes du passé, les objets perdus ou orphelins, les ratés de la recherche, les scénarios qui s'achèvent en cul-de-sac, les faits indécidables, les hypothèses suspendues. Un chercheur a été un guide pour toutes celles et ceux d'entre nous qui s'emploient à donner du sens à la mosaïque de notre documentation. Toute l'œuvre de

1. Marc Bloch, *La Société féodale* [1939], Paris, Albin Michel, 1994, chap. 3, p. 90.

Paulo Fernando de Moraes Farias, notamment ses *Arabic Medieval Inscriptions from the Republic of Mali*[1], constitue non seulement une somme d'érudition pour l'histoire de l'Afrique de l'Ouest, mais également une réflexion puissante sur ce qui devrait ne jamais avoir cessé de nous intriguer, c'est-à-dire d'être le sujet de l'intrigue : les discordances entre les registres documentaires. Or les discordances entre les inscriptions funéraires maliennes et les chroniques de Tombouctou, concernant non seulement la chronologie, mais encore l'existence même de telle ou telle dynastie, sont si gênantes que l'on préférerait avoir *moins* de sources. On en vient à penser que les registres de documents à notre disposition, loin d'être les pièces d'une même mosaïque, sont des vestiges tantôt s'accumulant sur des vestiges antérieurs, tantôt remployant des matériaux plus anciens, tantôt faisant écran au passé du passé. C'est bien l'enquête qui rend le passé digne d'être raconté. Et, à ce compte-là, l'histoire ne peut pas être

1. Paulo Fernando de Moraes Farias, *Arabic Medieval Inscriptions from the Republic of Mali: Epigraphy, Chronicles, and Songhay-Tuāreg History*, Oxford, Oxford University Press, 2003.

maison, esprit ou rayon de lumière qui permettrait de déclarer le commencement ou la fin de l'histoire. L'histoire est toujours déjà en train de passer. Si quelque chose doit commencer, c'est l'enquête historienne, mais alors c'est pour ne plus s'arrêter.

*

Comme le long des chaînes de parenté spirituelle qui sont celles des maisons monastiques d'Éthiopie ou des confréries musulmanes d'Afrique du Nord ou de l'Ouest, les savoirs et les savoir-faire des historiens de l'Afrique se transmettent de maître à élève. De l'université de Paris I Panthéon-Sorbonne, où j'ai fait mes études, je veux saluer Bertrand Hirsch, que j'ai déjà évoqué et qui m'a conduit sur le terrain éthiopien il y a vingt ans. Je me souviens de Jean Boulègue, qui m'a accueilli en thèse et qui avait l'intelligence si fine des sources, et le plaisir de comprendre si gourmand et communicatif. Je veux garder le souvenir vif de Claude-Hélène Perrot, qui avait consacré sa vie à l'histoire des sociétés anyi et éotilé de Côte d'Ivoire, dont elle avait recueilli les traditions orales – récits d'origine, généalogies, formules de jurement ou rituelles[1]. Les mots que je prononce ici ont été écrits l'été dernier, quelques jours après sa mort ; ils ne me viennent que par gouttes : endurance, longanimité, obstination, écoute, bonté. Elle avait été l'héritière d'Yves Person (1925-1982), l'un des pionniers, avec le Belge Jan Vansina (1929-2017), de l'étude méthodique des sources orales[2]. Nous avons, avec Claude-Hélène Perrot, réédité quelques-uns des articles fondamentaux d'Yves Person, que devraient lire toutes celles et ceux qui ne savent pas ce que la méthodologie de l'oralité en général doit à l'étude des sociétés africaines[3].

---

1. Claude-Hélène Perrot, *Les Anyi-Ndenye et le pouvoir aux* XVIIIe *et* XIXe *siècles*, préfaces de Jean Lorougnon Guédé et Georges Balandier, Abidjan/Paris, Publications CEDA/Publications de la Sorbonne, 1982 ; *Les Éotilé de Côte d'Ivoire aux* XVIIIe *et* XIXe *siècles : pouvoir lignager et religion*, Paris, Publications de la Sorbonne, coll. « Homme et société », 2008.

2. L'ouvrage fondamental de Jan Vansina est *De la tradition orale : essai de méthode historique*, Tervuren, Musée royal de l'Afrique centrale, 1961. Le grand œuvre d'Yves Person est *Samori : une révolution dyula*, Dakar, IFAN, 1968-1975, 3 tomes.

3. Yves Person, *Historien de l'Afrique, explorateur de l'oralité*, édition mise au point, présentée et enrichie

Venant d'évoquer mon *alma mater*, je veux dire également mon attachement à l'université de Toulouse Jean-Jaurès. Au laboratoire Traces, que j'ai dirigé, si rare par l'éventail des compétences individuelles et collectives qu'il réunit ; une équipe dédiée à l'archéologie africaine héberge la plupart des missions archéologiques françaises en Afrique. C'est à Toulouse que nous avons convié, avec nos collègues belges de Tervuren et suisses de Genève, le congrès mondial de la Society of Africanist Archaeologists en 2016. Si tous mes doctorants, français et de plusieurs pays d'Afrique, y sont rattachés, c'est parce qu'ils bénéficient, après des collègues que je veux saluer, d'une science à la fois d'excellence et généreuse.

Je voudrais également dire un mot d'un dispositif précieux pour la recherche, celui des instituts de recherche du ministère des Affaires étrangères et du CNRS. Permettez-moi de saluer ici les collègues de Khartoum, Le Caire, Tunis, Ibadan, Nairobi, Rabat, Johannesburg, Addis

---

de notes et de cartes par François-Xavier Fauvelle et Claude-Hélène Perrot, Paris, Éditions de la Sorbonne, 2018.

Abeba, qui se dévouent pour faire de ces centres des lieux d'accumulation et de transmission des savoirs. J'ai moi-même dirigé le Centre français d'études éthiopiennes, à Addis Abeba, de 2006 à 2009. Ne cessant, au cours des décennies, de jouer son rôle dévolu à l'archéologie, aux disciplines d'érudition et, plus récemment, aux sciences sociales, quitte à être parfois porté à bout de bras, plusieurs années durant, par un seul chercheur qui maintient l'héritage, comme ce fut le cas de l'archéologue Francis Anfray, ce centre avait été créé en 1952 à la demande de l'empereur Hailé Sélassié et avec le soutien de la France pour être tout à la fois laboratoire, bibliothèque, dépôt et musée archéologiques[1]. L'un des deux cofondateurs était Kebbédé Mikaël (1916-1998), poète et essayiste éthiopien,

1. Sur ce moment fondateur, on peut se reporter aux paratextes d'ouverture du premier numéro, paru en 1955, des *Annales d'Éthiopie*, revue savante éditée par le centre depuis lors et accessible en ligne. Voir la dédicace à l'empereur [en ligne : https://www.persee.fr/doc/ethio_0066-2127_1955_num_1_1_1222] et le texte de présentation de la section d'archéologie [en ligne : https://www.persee.fr/doc/ethio_0066-2127_1955_num_1_1_1225].

polyglotte, traducteur en amharique de pièces de Shakespeare et chef de file du mouvement dit des « japonisants » regroupant ceux qui, dans les cercles du pouvoir éthiopien, voyaient le Japon comme un modèle transposable de modernisation économique dans un cadre impérial. Si cet intellectuel, alors directeur général au ministère de l'Instruction publique, s'engage ainsi au service de l'archéologie, c'est parce que doter son pays de compétences, de lieux et de récits dédiés au passé, lui apparaît – comment lui donner tort? – comme un gage d'avenir. L'autre cofondateur était français. Dépêché en Éthiopie à l'âge de 33 ans, il venait de terminer un séjour au Caire en tant que membre de l'Institut français d'archéologie orientale. Il s'agit de Jean Leclant (1920-2011). Le lignage égyptologique, qui le connaît pour son œuvre d'égyptologue et se souvient qu'il fut professeur au Collège de France de 1979 à 1990, ne sait pas forcément qu'il fut le fondateur d'un lignage éthiopisant. Jean Leclant eut d'ailleurs d'autres occasions de montrer son intérêt pour l'Afrique subsaharienne, notamment la civilisation méroïtique au Soudan. À Addis Abeba, il s'entoura d'André Caquot (1923-2004), spécialiste des langues sémitiques qui fut chargé de déchiffrer les inscriptions sud-arabiques nouvellement découvertes et d'étudier les manuscrits médiévaux en guèze; et d'André Miquel, un arabisant. L'un et l'autre devinrent à leur tour professeurs au Collège de France, le premier sur une chaire d'hébreu et d'araméen, le second en langue et littérature arabes classiques. Cette généalogie m'autorise à tirer une nouvelle leçon : si l'histoire de l'Afrique en tant que discipline n'était pas encore entrée au Collège de France, une part de sa documentation y avait déjà trouvé place.

*

C'est une chose bien curieuse que d'observer, dans la capitale du Mâli du XIVe siècle, le côtoiement des masques et de la mosquée. Jean Boulègue pensait qu'on aurait tort d'y voir une forme de syncrétisme religieux, et je crois qu'il avait raison[1]. Car, à dire vrai, le souverain est *pleinement* sultan pour les musulmans maliens et étrangers qui assistent à la prière publique, et *pleinement* mansa pour le peuple qui, depuis la rue, le regarde comme

1. J'évoque ici un souvenir personnel de son enseignement.

son souverain légitime. Cette dualité religieuse nous oblige à penser *en même temps* des appartenances *a priori* incompatibles, qu'elles soient religieuses, culturelles ou identitaires, et à descendre, pour les comprendre, à l'intérieur des logiques qui les font cohabiter. Ce n'est qu'aux XVIIIe et XIXe siècles, au moment des djihads qui islamisent en profondeur les sociétés d'Afrique de l'Ouest, que des normes religieuses et juridiques viendront mettre en conflit les uns avec les autres les choix composites faits jusqu'alors par les individus et les groupes sociaux.

L'archéologie révèle des caractères semblablement composites de la culture matérielle. Les belles demeures à deux étages des cités swahilies du Kenya et de Tanzanie, qui se développent à partir du XIVe siècle, bâties en blocs de calcaire madréporique, alignées le long de rues étroites jalonnées de sanctuaires et qui convergent vers la mosquée, attirent de prime abord davantage l'attention que les habitats interstitiels ou périphériques en matières périssables, qui ont laissé des vestiges plus ingrats. Pourtant leur juxtaposition est une juste représentation d'une société où cohabitent une élite patricienne de commerçants, sa clientèle d'anciens esclaves, et des communautés rurales de pêcheurs, d'agriculteurs et d'artisans[1]. Si sa culture matérielle présente un aspect dual, c'est parce que la société swahilie est *à la fois* tournée vers l'océan Indien et ancrée dans sa culture régionale. De la même façon, la langue swahilie présente une structure bantoue et un lexique abondamment arabe et persan.

Ce sont ces formes de dualité culturelle, d'articulation topographique, d'interconnexions des réseaux marchands, qui feront dans les prochaines années l'objet de mon cours. Je vous proposerai d'examiner un trait que je crois caractéristique des formations politiques africaines médiévales, à savoir la fonction de courtage commercial qu'elles exercent entre des bassins économiques et des milieux sociaux que presque tout oppose. Situées sur des îles ou le long du littoral, les cités swahilies dont nous venons de parler n'ont presque pas de ressources propres. Elles exportent cependant des esclaves, de l'or, des

---

1. Mark Horton et John Middleton, *The Swahili: The Social Landscape of a Mercantile Society*, Malden (Mass.), Blackwell Publishers, 2000.

peaux, de l'ivoire, qui viennent de plusieurs centaines de kilomètres à l'intérieur du continent, et importent des étoffes, des céramiques, des bijoux, qui viennent du bassin commercial de l'océan Indien, voire de Chine. Si elles peuvent le faire, c'est parce qu'elles sont littéralement situées à l'interface entre le monde commercial de l'océan Indien et le réseau de caboteurs qui fréquentent les marchés côtiers et remontent les fleuves navigables. C'est une position hautement risquée, mais hautement rentable à condition d'exercer un monopole sur les transactions.

Au Sahel, l'hypothèse de royaumes courtiers paraît à première vue moins pertinente parce que notre perception des grands empires de cette région nous fait supposer une hégémonie sur de vastes territoires disposant de ressources agricoles et minières. Mais ce serait oublier que cette idée nous vient précisément d'auteurs arabes qui n'ont eu qu'un accès étroit à ces royaumes, limité à des villes que les souverains ouest-africains utilisaient comme plateformes commerciales et vitrines politiques. L'hypothèse de royaumes courtiers permettra peut-être d'expliquer deux faits qui demeurent intrigants : d'une part la rareté des évocations de ces villes royales et commerçantes dans les traditions orales, d'autre part notre propre incapacité, dans bien des cas, à localiser sur le terrain des sites aussi importants que des villes. Dit autrement, je ne crois pas que les retards de la recherche ne soient que le résultat de facteurs contingents; je crois plutôt qu'ils font partie du problème. À l'instar de la capitale de l'Ifât évoquée tout à l'heure, une découverte n'est pas seulement l'événement scientifique qui met fin à une série de ratés; elle est ce qui permet de les comprendre. C'est seulement quand aura été découverte la capitale du Mâli que nous comprendrons comment elle nous résistait.

Il vaudra peut-être la peine de faire observer que, de la côte swahilie à l'escarpement du Rift éthiopien et aux bordures nord et sud du Sahara, c'est souvent sur des limites écologiques que les pouvoirs africains médiévaux exercent leur fonction d'intermédiation entre réseaux de commerçants, entre sociétés aux économies et aux langues différentes. Or ces limites écologiques entre piémonts fertiles et désert, entre désert et savanes, entre hauts plateaux et basses terres, entre plaine alluviale et océan, sont par définition des milieux sujets à de puissantes contraintes environnementales, habitables seulement à la faveur d'investissements anthropiques tels que les permettent justement les opérations courtières à haut rendement. Loin de tout déterminisme environnemental, les sociétés africaines médiévales ont installé des villes là où l'environnement physique était *défavorable* ; et si elles l'ont fait, c'est en misant sur leurs propres capacités économiques et techniques à commuer des frontières en seuils.

Chacun de ces mondes africains est en *conversation* avec les autres et avec les mondes extérieurs. C'est pour participer à cette conversation que des élites se convertissent à des religions monothéistes – christianisme et islam – dont l'œcoumène est global ; que des commerçants vendent et achètent marchandises de luxe, esclaves et métaux précieux dont la valeur est commensurable d'un marché à l'autre ; que des monastères éthiopiens se dotent de scriptoriums, des familles musulmanes lettrées du Sahel, de bibliothèques ; qu'une reine païenne d'Éthiopie au xe siècle, réputée pour avoir mis à sac les églises chrétiennes de son pays, fait envoyer un zèbre à un souverain musulman du Yémen.

C'est parce que nous voulons écouter cette conversation du monde à laquelle participent les sociétés africaines qu'il est utile d'appeler ce monde « Moyen Âge ». Un Moyen Âge qui gagne à être conçu non pas d'abord comme une période de l'histoire européenne, mais comme une géographie globale, ainsi que nous l'avons suggéré avec Patrick Boucheron et Julien Loiseau[1]. Une géographie constituée de provinces articulées les unes aux autres et dont aucune n'a le privilège de présider la conversation. « Provincialiser l'Europe », ainsi que le recommandait l'historien indien Dipesh Chakrabarty, pourquoi pas[2]? Mais sortir de l'alternative pendulaire et mimétique des centres et des périphéries, récuser les

---

1. Patrick Boucheron, François-Xavier Fauvelle et Julien Loiseau, « Rythmes du monde au Moyen Âge », *in* Isabelle Catteddu et Hélène Noizet (dir.), *Quoi de neuf au Moyen Âge?*, Paris, Éditions de La Martinière, 2016, p. 150-166.

2. Dipesh Chakrabarty, *Provincializing Europe: Post-colonial Thought and Historical Difference*, Princeton, Princeton University Press, 2000.

« centrismes », ainsi que le propose Souleymane Bachir Diagne[1], concevoir le monde *en même temps* depuis chacune de ses parties, en somme *provincialiser le monde*, voilà un programme à la fois plus radical et plus susceptible de renouer avec l'humanisme.

Cet humanisme, qui croit en la traductibilité des langues et déclare que toute société est « bonne à penser » (pour emprunter l'expression fameuse de Claude Lévi-Strauss) depuis toute société, c'est l'humanisme que pratiquait Harris Mémel-Foté. Il avait étudié, avec une acuité érudite et clinique, l'esclavage que pratiquent les sociétés lignagères de la lagune de Côte d'Ivoire. Il en fit le sujet de son cours, en tant que professeur invité sur une chaire internationale, ici même, au Collège de France, en 1995[2]. Son anthropologie de l'esclavage lignager *du point*

1. Souleymane Bachir Diagne et Jean-Loup Amselle, *En quête d'Afrique(s) : universalisme et pensée décoloniale*, préface d'Anthony Mangeon, Paris, Albin Michel, 2018, p. 278-279.

2. Harris Mémel-Foté, *L'esclavage lignager africain et l'anthropologie des droits de l'Homme. Leçon inaugurale faite le lundi 18 décembre 1995*, Paris, Collège de France, 1996.

de vue des droits de l'Homme lui permettait, estimait-il, de penser sans complaisance la radicale déchéance en dignité que représente l'état d'esclave dans une société africaine contemporaine ; mais elle rendait également possible, symétriquement, une anthropologie des droits humains entendue comme une histoire toujours inachevée des acquis en dignité, c'est-à-dire une anthropologie universelle *du point de vue des sociétés africaines.*

*

Puisque le moment approche de tirer une dernière leçon, permettez-moi d'en livrer une que toute historienne, tout historien de l'Afrique tient pour rigoureusement vraie ; cette leçon, c'est que l'on choisit toujours ses ancêtres. Lignage, chefferie, institution, communauté, confrérie, nation : chaque collectif fait ce que fait chaque famille qui affiche la galerie de ses aïeux prestigieux et remise à la cave les moins recommandables. Nous faisons toutes et tous comme fait Dûghâ au moment de faire entrer les masques sur la place publique : nous choisissons, parmi les passés disponibles, les ancêtres utiles pour la faculté qu'en somme *nous* leur accordons de *nous* définir par l'étendue de leur descendance, de leur protection, de leur *baraka*.

Dans un discours prononcé en 2018 pour le centième anniversaire de la naissance de Nelson Mandela, Barack Obama a rappelé de quelle façon la révolution démocratique sud-africaine des années 1990-1994 continue de tenir éveillée, universellement, notre liberté de citoyen contre les tentations autoritaires, notre désir de vivre ensemble contre les fatalités de l'histoire[1]. On a certes raison de souligner aujourd'hui que la révolution sud-africaine n'a pas satisfait toutes les espérances de justice sociale et de transparence démocratique qu'elle avait fait naître. Mais permettez à l'historien que je suis de rappeler que l'idée même que l'Afrique du Sud fût une société est une idée qui resta longtemps minoritaire, et qui était de toute façon illégale. Prisonniers au bagne de Robben Island,

1. « Barack Obama marks Nelson Mandela's 100th birthday » (17 juillet 2018) [le discours intégral peut être visionné en ligne : https://www.youtube.com/watch?v=KYaOtZUMcHI].

dans la baie du Cap, Nelson Mandela et ses compagnons avaient interdiction, dans leurs réclamations écrites à l'administration pénitentiaire, de dire « nous[1] ». Le régime de l'apartheid voulait à ce point exercer le monopole de la définition des appartenances collectives que la simple possibilité d'une *communauté d'intérêt* entre prisonniers lui apparaissait comme subversive.

Et même après que croire à cette société fut devenu un droit, qui y croyait? Essayons de nous souvenir de ce que nous avons pensé être l'avenir de l'Afrique du Sud au plus fort de la répression et de l'usage de la torture par le régime de l'apartheid dans les années 1970, puis durant l'insurrection générale à partir de 1984, puis durant la quasi-guerre civile qui accompagne les négociations après 1990, et même encore au bord du précipice, dans les semaines qui suivent l'assassinat de Chris Hani le 10 avril 1993. Cette archéologie des futurs de l'Afrique du Sud nous révèle toujours le même

1. Martin Legassick, « Myth and reality in the struggle against apartheid », *Journal of Southern African Studies*, vol. 24, n° 2, 1998, p. 443-458.

horizon : la brutalisation des clivages ethniques et raciaux, la partition du pays, le démembrement de la société. Quelle autre vision aussi acérée que celle de l'écrivain nigérian Wole Soyinka a pu remarquer, sur l'instant, qu'un spectre terrifiant rôdait le 10 mai 1994[1] : alors que Nelson Mandela prononçait à Prétoria son discours d'investiture dans l'ambiance miraculeuse de la fête démocratique, le génocide des Tutsis, au Rwanda, en était à son trente-quatrième jour.

Mandela était sultan, mais il n'était pas négligent avec l'histoire. Il avait porté le stigmate de la race et connaissait l'actualité du passé. Il savait la nécessité de réengendrer chaque jour la société, l'urgence à répandre une parole qui affermit et étend le domaine du « nous ». Écoutons son discours du 10 mai 1994 : « Je dis sans hésiter à mes compatriotes que chacun d'entre nous est aussi intimement attaché au sol de ce pays que le sont les jacarandas de Prétoria et les

1. Wole Soyinka, « Suráfrica es nuestro sueño y Ruanda nuestra pesadilla », *El País*, 23 mai 1994 (merci à Hélène Dumas de m'avoir signalé cette interview).

mimosas du bushveld[1]. » Drôle de métaphore botanique ! Que l'on ne peut comprendre que si l'on sait que le mimosa est l'arbre indigène, et le jacaranda, une espèce importée, coloniale. Ce discours fait mieux qu'inviter chaque communauté d'aujourd'hui à devenir convive de la même nation ; il invite les *passés* de chacune d'elles et les enracine dans le même sol. Ce n'est certes pas la tâche de l'historien de l'Afrique que d'être chargé de l'histoire nationale, mais c'est la sienne que de rendre disponibles les passés de l'Afrique, de contribuer à faire cohabiter les ancêtres de nos contemporains dans une histoire – non pas *maison* mais *jardin*, ou s'entremêlent les souches. Il y va de la visibilité sociale de beaucoup d'entre nous. Toute l'œuvre critique de James Baldwin sur le cinéma et l'histoire américaines, celle de Toni Morrison sur la littérature américaine, aujourd'hui celle de Léonora Miano sur le roman français, montrent qu'aucune société contemporaine

1. François-Xavier Fauvelle, *Convoquer l'histoire. Nelson Mandela : trois discours commentés*, Paris, Alma, 2015, p. 68.

n'est indemne du biais qui consiste à considérer le blanc comme la couleur de peau *par défaut* des personnages de fiction et des personnages historiques qui nous incarnent, réservant le plus souvent le noir pour incarner strictement le Noir : Othello, ou l'esclave, ou l'immigré[1].

C'est le moment de revenir ensemble sur la grand-place de la capitale du Mâli, où nous avons tout à l'heure laissé les ancêtres, tout à leur tâche d'admonester le sultan. Il me reste à dire que l'engagement à *prendre soin* de l'histoire, je ne le prendrais pas si je n'y étais fermement obligé par la bienveillance de quelques-unes et de quelques-uns, qualité si cardinale sans laquelle il n'y a pas de véritable conversation[2]; pas de désir d'accueillir

1. James Baldwin, *Notes of a Native Son* [1955], Boston, Beacon Press, 2012; *Retour dans l'œil du cyclone*, traduit par Hélène Borraz, Paris, Christian Bourgois, 2015; Toni Morrison, *Playing in the Dark: Whiteness and the Literary Imagination*, Londres, Picador, 1993; Léonora Miano, *Habiter la frontière*, Paris, L'Arche, 2012.

2. J'endosse ici l'éthique de la conversation chère à Ali Benmakhlouf, *La Conversation comme manière de vivre*, Paris, Albin Michel, 2016.

une idée ; pas non plus de critique véritablement fondée ; pas de bonnes lectrices et de bons lecteurs. Alors, permettez-moi de dire merci : à Patrick Boucheron, qui a proposé ma candidature au Collège de France, à Nicolas Grimal et à Alain Supiot, qui l'ont défendue, à toutes et à tous les professeurs, qui l'ont acceptée. De dire ma joie de les savoir auprès de moi : à mes enfants, Lucas, Margot, Nathan, à ma compagne, Samantha, à ma famille, mes amis, collègues et étudiants. Et, pour finir, de m'adresser aux ancêtres. Pour leur faire remarquer que tout notre travail d'historiennes et d'historiens consiste en somme à les sortir de l'oubli pour les inviter dans le présent ; pour leur faire comprendre que la *connaissance* que nous déployons à leur sujet est le gage de notre *reconnaissance* à leur égard ; et enfin pour leur adresser à notre tour, pour une fois, une admonition, et leur demander une seule chose : qu'ils veuillent bien converser les uns avec les autres.

Les leçons inaugurales du Collège de France

Depuis sa fondation en 1530, le Collège de France a pour principale mission d'enseigner, non des savoirs constitués, mais « le savoir en train de se faire » : la recherche scientifique et intellectuelle elle-même. Les cours y sont ouverts à tous, gratuitement, sans inscription ni délivrance de diplôme.

Conformément à sa devise (*Docet omnia*, « Il enseigne toutes choses »), le Collège de France est organisé en cinquante-deux chaires couvrant un vaste ensemble de disciplines. Les professeurs sont choisis librement par leurs pairs, en fonction de l'évolution des sciences et des connaissances. À l'arrivée de chaque nouveau professeur, une chaire nouvelle est créée qui peut ou bien reprendre, au moins en partie, l'héritage d'une chaire antérieure, ou bien instaurer un enseignement neuf.

Plusieurs chaires thématiques annuelles (Informatique et sciences numériques, Innovation technologique, Mondes francophones, Santé publique) et pluriannuelles permettent également d'accueillir des professeurs invités.

Le premier cours d'un nouveau professeur est sa *leçon inaugurale*. Solennellement prononcée en présence de ses collègues et d'un large public, elle est pour lui l'occasion de situer ses travaux et son enseignement par rapport à ceux de ses prédécesseurs et aux développements les plus récents de la recherche.

Non seulement les leçons inaugurales dressent un tableau de l'état de nos connaissances et contribuent ainsi à l'histoire de chaque discipline, mais elles nous introduisent, en outre, dans l'atelier du savant et du chercheur. Beaucoup d'entre elles ont constitué, dans leur domaine et en leur temps, des événements marquants, voire retentissants.

Elles s'adressent à un large public éclairé, soucieux de mieux comprendre les évolutions de la science et de la vie intellectuelle contemporaines.

Les leçons inaugurales publiées dans la collection Collège de France / Fayard

Depuis 2003, les Leçons inaugurales du Collège de France sont publiées dans la collection Collège de France / Fayard. Quelques leçons antérieures y ont été également republiées.

164. Serge Haroche
Physique quantique (2001)

165. Jacques Livage
Chimie de la matière condensée (2002)

166. John Scheid
Religions, institutions et société de la Rome antique (2002)

167. Roland Recht
L'objet de l'histoire de l'art (2002)

169. Christine Petit
Génétique et physiologie cellulaire (2002)

170. Édouard Bard
Évolution du climat et de l'océan (2003)

171. Stuart Edelstein
Les mécanismes de la transduction du signal en biologie (2003)

172. Mireille Delmas-Marty
Études juridiques comparatives et internationales du droit (2003)

173. Pierre-Louis Lions
Équations aux dérivées partielles et applications (2003)

174. Jayant Vishnu Narlikar
Faits et spéculations en cosmologie (2003)

175. Michael Edwards
Étude de la création littéraire en langue anglaise (2003)

176. Theodor Berchem
Tradition et progrès. La mission de l'Université (2004)

177. Henry Laurens
Histoire du monde arabe contemporain (2004)

178. Denis Knoepfler
Apports récents des inscriptions grecques à l'histoire de l'Antiquité (2004)

179. Jean-Louis Mandel
Gènes et maladies : les domaines de la génétique humaine (2004)

180. Celâl Şengör
Une autre histoire de la tectonique (2004)

181. Sandro Stringari
L'aventure des gaz ultra-froids : condensation de Bose-Einstein et superfluidité (2005)

182. Gabriele Veneziano
Gravitation, relativité, mécanique quantique : la grande synthèse est-elle proche? (2005)

183. Christian de Portzamparc
Architecture : figures du monde, figures du temps (2006)

184. Maurice Bloch
L'anthropologie cognitive à l'épreuve du terrain. L'exemple de la théorie de l'esprit (2006)

185. Thomas Pavel
Comment écouter la littérature? (2006)

186. Stanislas Dehaene
Vers une science de la vie mentale (2006)

187. Jon Elster
Raison et raisons (2006)

188. Antoine Compagnon
La littérature, pour quoi faire? (2006)

189. Daniele Vitali
Les Celtes d'Italie (2006)

190. Jean-Paul Clozel
La biotechnologie : de la science au médicament (2007)

191. Pascal Dusapin
Composer. Musique, paradoxe, flux (2007)

192. Guy ORBAN
La vision, mission du cerveau. Les trois révolutions des neurosciences cognitives (2007)

193. Michel DEVORET
De l'atome aux machines quantiques (2007)

194. Alain PROCHIANTZ
Géométries du vivant (2007)

195. Roger CHARTIER
Écouter les morts avec les yeux (2007)

197. Gérard BERRY
Pourquoi et comment le monde devient numérique (2008)

198. Pierre MAGISTRETTI
La neuroénergétique : de la synapse à l'image (2008)

199. Michel BRUNET
Origine et histoire des hominidés. Nouveaux paradigmes (2008)

200. Philippe SANSONETTI
Des microbes et des hommes. Guerre et paix aux surfaces muqueuses (2008)

201. Anne CHENG
La Chine pense-t-elle? (2008)

202. Esther DUFLO
Expérience, science et lutte contre la pauvreté (2009)

203. Pierre-Laurent AIMARD
Rôle et responsabilités de l'interprète aujourd'hui (2009)

204. Mathias FINK
Renversement du temps, ondes et innovation (2009)

205. Henri LERIDON
De la croissance zéro au développement durable (2009)

206. Thomas RÖMER
Les Cornes de Moïse. Faire entrer la Bible dans l'histoire (2009)

207. Marc FONTECAVE
Chimie des processus biologiques : une introduction (2009)

208. Gérard BERRY
Penser, modéliser et maîtriser le calcul informatique (2009)

209. Antoine GEORGES
De l'atome au matériau. Les phénomènes quantiques collectifs (2009)

210. Peter PIOT
L'épidémie du sida. Mondialisation des risques, transformations de la santé publique et développement (2010)

211. Patrick COUVREUR
Les nanotechnologies peuvent-elles contribuer à traiter des maladies sévères? (2010)

212. Nicholas STERN
Gérer les changements climatiques. Climat, croissance, développement et équité (2010)

213. Jacques NICHET
Le théâtre n'existe pas (2010)

214. Ismail SERAGELDIN
Mobiliser le savoir pour éradiquer la faim (2010)

215. Anselm KIEFER
L'art survivra à ses ruines (2010)

216. Jean-Marie TARASCON
L'énergie : stockage électrochimique et développement durable (2010)

217. Elias ZERHOUNI
Les grandes tendances de l'innovation biomédicale au XXIe *siècle* (2011)

218. Clément SANCHEZ
Chimie des matériaux hybrides (2011)

219. Martin ABADI
La sécurité informatique (2011)

220. Claudine TIERCELIN
La connaissance métaphysique (2011)

221. Barbara ROMANOWICZ
Physique de l'intérieur de la Terre (2011)

222. Gilles CLÉMENT
Jardins, paysage et génie naturel (2011)

223. Paul Colonna
Le carbone renouvelable dans les systèmes alimentaires, énergétiques et chimiques (2011)

224. Jean-Paul Laumond
La robotique : une récidive d'Héphaïstos (2012)

225. Jean-Noël Robert
La hiéroglossie japonaise (2012)

226. Serge Abiteboul
Sciences des données : de la logique du premier ordre à la Toile (2012)

227. Manuela Carneiro da Cunha
Savoirs autochtones : quelle nature, quels apports? (2012)

228. Jean-Pierre Brun
Techniques et économies de la Méditerranée antique (2012)

229. Bernard Chazelle
L'algorithmique et les sciences (2012)

230. Karol Beffa
Comment parler de musique? (2012)

231. Alain Supiot
Grandeur et misère de l'État social (2012)

232. Edith Heard
Épigénétique et mémoire cellulaire (2012)

233. Yves Bréchet
La science des matériaux : du matériau de rencontre au matériau sur mesure (2013)

234. Dominique Kerouedan
Géopolitique de la santé mondiale (2013)

235. Anny Cazenave
La Terre et l'environnement observés depuis l'espace (2013)

236. Gérard Berry
L'informatique du temps et des événements (2013)

237. Jean Dalibard
Atomes et rayonnement (2013)

238. Tony Cragg
Sculpture et langage (2013)

239. Frantz Grenet
Recentrer l'Asie centrale (2013)

240. Sanjay Subrahmanyam
Aux origines de l'histoire globale (2013)

241. Gilles Bœuf
La biodiversité, de l'océan à la cité (2013)

242. Pierre-Michel Menger
La différence, la concurrence et la disproportion. Sociologie du travail créateur (2014)

243. Jean-Marie Tarascon
Chimie du solide et énergie. Exemples et avenir d'une science millénaire (2014)

244. Alain de Libera
Où va la philosophie médiévale? (2014)

245. Philippe Walter
Sur la palette de l'artiste. La physico-chimie dans la création artistique (2014)

246. François Bourguignon
Pauvreté et développement dans un monde globalisé (2014)

247. Nicolas Ayache
Des images médicales au patient numérique (2014)

248. Alain Fischer
Médecine expérimentale (2014)

249. Dominique Charpin
Comment peut-on être assyriologue? (2014)

250. Bernard Meunier
Innovations thérapeutiques : tendances et évolution (2014)

251. Françoise Combes
La matière noire dans l'Univers (2014)

252. Hugues de Thé
L'oncologie : de l'empirisme à la biologie intégrée (2015)

253. Georges Calas

Les ressources minérales, enjeu majeur du développement durable (2015)

254. Marie-Paule Cani

Façonner l'imaginaire. De la création numérique 3D aux mondes virtuels animés (2015)

255. François Déroche

La voix et le calame. Les chemins de la canonisation du Coran (2015)

256. Philippe Aghion

Repenser la croissance économique (2015)

257. Thomas Sterner

Les instruments de la politique environnementale (2015)

258. Bernard Derrida

Physique statistique. La flèche du temps et le hasard (2015)

259. Patrick Boucheron

Ce que peut l'histoire (2015)

260. Jean-Luc Fournet

Ces lambeaux, gardiens de la mémoire des hommes. Papyrus et culture de l'Antiquité tardive (2016)

261. José-Alain Sahel

Rapprocher les regards. Autour de la restauration visuelle (2016)

263. Alain Mabanckou

Lettres noires : des ténèbres à la lumière (2016)

264. Claire Voisin

Topologie des variétés algébriques complexes (2016)

265. Jean-Louis Cohen

Architecture, modernité, modernisation (2014)

266. Jean-Jacques Hublin

Biologie de la culture. Paléoanthropologie du genre Homo (2014)

267. Philippe Manoury

L'invention de la musique (2017)

268. Didier Roux
Découvertes, inventions et innovations (2017)

269. Jean-Daniel Boissonnat
Géométrie algorithmique : des données géométriques à la géométrie des données (2017)

270. Bénédicte Savoy
Objets du désir, désir d'objets (2017)

271. Alain Wijffels
Le droit européen a-t-il une histoire? En a-t-il besoin? (2017)

272. Thomas Lecuit
Dynamiques du vivant (2017)

273. Claire Mathieu
L'algorithmique (2017)

274. Vinciane Pirenne-Delforge
Religion, histoire et société dans le monde grec antique (2017)

275. Edhem Eldem
L'Empire ottoman et la Turquie face à l'Occident (2017)

276. Stéphane Mallat
Sciences des données et apprentissage en grande dimension (2018)

277. Victor Stoichita
Les Fileuses de Velázquez. Textes, textures, images (2018)

278. Denis Duboule
Le génome et ses embryons (2018)

279. François Héran
Migrations et sociétés (2018)

280. Thomas Ebbesen
L'alchimie du vide. Interactions lumière-matière en chimie physique (2018)

281. Molly Przeworski
Origines évolutives des variations génétiques (2018)

282. Amos Gitaï
La caméra est une sorte de fétiche. Filmer au Moyen-Orient (2018)

283. Rachid GUERRAOUI
Algorithmique répartie. À la recherche de l'universalité perdue (2018)

284. Xavier LEROY
Le logiciel, entre l'esprit et la matière (2018)

285. Lucrezia REICHLIN
La Banque centrale européenne et la crise de l'euro (2018)

286. Dario MANTOVANI
Droit, culture et société de la Rome antique (2019)

287. Arnaud FONTANET
L'épidémiologie ou la science de l'estimation du risque en santé publique (2019)

288. Jean-François JOANNY
Physique de la matière molle : une approche des systèmes biologiques (2019)

289. Yanick LAHENS
Littérature haïtienne : urgence(s) d'écrire, rêve(s) d'habiter (2019)

291. Walter FONTANA
Du calcul au vivant : le défi d'une science de l'organisation (2019)

PAPIER À BASE DE FIBRES CERTIFIÉES

Fayard s'engage pour l'environnement en réduisant l'empreinte carbone de ses livres. Celle de cet exemplaire est de :
0,400 kg éq. CO_2
Rendez-vous sur www.fayard-durable.fr

Composition réalisée par Belle Page

Imprimé en France par Dupli-Print
2 rue Descartes – 95330 Domont
en mars 2020

37-0796-6/01
Dépôt légal : mars 2020
N° d'impression : 2020023985